À tous les membres de la famille

L'apprentissage de la lecture est l'une des réalisations les plus importantes de la petite enfance. La collection *Je peux lire!* est conçue pour aider les enfants à devenir des lecteurs experts qui aiment lire. Les jeunes lecteurs apprennent à lire en se souvenant de mots utilisés fréquemment comme « le », « est » et « et », en utilisant les techniques phoniques pour décoder de nouveaux mots et en interprétant les indices des illustrations et du texte. Ces livres offrent des histoires que les enfants aiment et la structure dont ils ont besoin pour lire couramment et sans aide. Voici des suggestions pour aider votre enfant avant, pendant et après la lecture.

Avant

Examinez la couverture et les illustrations, et demandez à votre enfant de prédire de quoi on parle dans le livre.

Lisez l'histoire à votre enfant.

Encouragez votre enfant à dire avec vous les formulations et les mots qui lui sont familiers.

Lisez une ligne et demandez à votre enfant de la relire après vous.

Pendant

Demandez à votre enfant de penser à un mot qu'il ne reconnaît pas tout de suite. Donnez-lui des indices comme : « On va voir si on connaît les sons » et « Est-ce qu'on a déjà lu un mot comme celui-là? ».

Encouragez l'enfant à utiliser ses compétences phoniques pour prononcer d'autres mots.

Lorsque l'enfant a besoin d'aide, lisez-lui le mot qui pose un problème, pour qu'il n'ait pas trop de mal à lire et que l'expérience de la lecture avec les parents soit positive.

Encouragez votre enfant à lire avec expression... comme un comédien!

Après

Proposez à votre enfant de dresser une liste de mots qu'il préfère.

Encouragez votre enfant à relire ses livres. Il peut les lire à ses frères et sœurs, à ses grands-parents et même à ses toutous. Les lectures répétées donnent confiance au jeune lecteur.

Parlez des histoires que vous avez lues. Posez des questions et répondez à celles de votre enfant. Partagez vos idées au sujet des personnages et des événements les plus amusants et les plus intéressants.

J'espère que vous et votre enfant allez aimer ce livre.

Francie Alexander,
spécialiste en lecture
Groupe des publications
éducatives de Scholastic

À Danicka, qui a le don d'enseigner.
— S.W.B.

À Lina Higgins
— T.M.

Catalogage avant publication de la Bibliothèque nationale du Canada

Black, Sonia
Suivons les ours polaires / texte de Sonia W. Black ; illustrations de
Turi MacCombie ; texte français de Lucie Duchesne.

(Je peux lire!. Niveau 1. Sciences)
Traduction de: Follow the polar bears.
Public cible: Pour enfants de 3 à 6 ans.
ISBN 0-7791-1599-6

1. Ours blanc--Ouvrages pour la jeunesse.
I. MacCombie, Turi II. Titre. III. Collection.

QL737.C27B4814 2002   j599.786   C2002-900984-7

Édition publiée par Les éditions Scholastic, 175 Hillmount Road,
Markham (Ontario) L6C 1Z7.

5 4 3 2 1   Imprimé au Canada   02 03 04 05

Suivons les ours polaires

Sonia W. Black

Illustrations de Turi MacCombie

Texte français de Lucie Duchesne

Je peux lire! — Sciences — Niveau 1

Les éditions Scholastic

RUSSIE

ARCTIQUE

ALASKA

CANADA

4

Aimes-tu les ours polaires?
Suivons-les! Ils vont te plaire.

L'ourse polaire est solitaire,
bien blottie dans sa tanière.
Elle ne mange pas.
Elle se repose et attend.

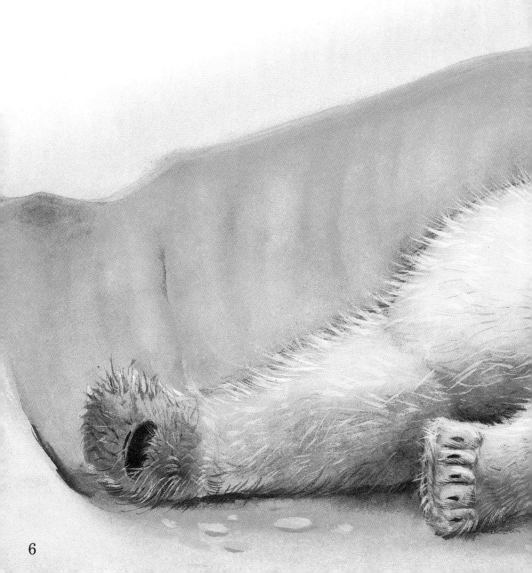

Puis finalement,
c'est le moment!

Voici un ourson,
puis un second!
Ce sont des jumeaux,
une fille et un garçon.

Maman ourse s'occupe
de ses bébés tendrement.
Les oursons boivent
le bon lait de leur maman.

Une semaine, puis deux...
Après six semaines,
les oursons ouvrent les yeux!

Après sept ou huit semaines,
les oursons se promènent.
Ils se dressent et s'ébattent,
et marchent à quatre pattes.

Allez! On sort!
Il y a tant de choses
à explorer dehors.

Les oursons sont éblouis!
Il y a de la glace ici,
il y a de la glace là.
Ils avancent à petits pas.

Hum! Danger!
Reniflez bien, les oursons.
Les renards polaires
vous guettent.
Faites très attention!

Brrr! Le vent glacial souffle,
mais les oursons
sont au chaud,
dans leur fourrure
qui leur sert de manteau.

Hé! il ne faut pas glisser!
Mais avec les coussinets
sous leur pattes,
les oursons ne vont pas
tomber.

Les oursons jouent.

Les oursons courent.

Les oursons nagent
et s'amusent beaucoup.

Les oursons affamés regardent leur maman chasser avec ses griffes acérées.

Ils dévorent à belles dents
des algues et du saumon,
des morses et des phoques.
Que c'est bon!

Les oursons ont grandi.
C'est maintenant
le moment de faire
leur propre vie.

Les ours polaires
partent à la recherche
de leur partenaire...

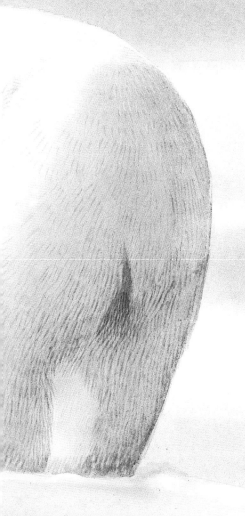

Pour fonder une famille
et avoir de beaux oursons,
tout doux et tout mignons.